LA
MORT
DE
CESAR,

TRAGÉDIE

De M. DE VOLTAIRE,

Repreſentée pour la premiere fois au College d'Harcourt, le 11 Aouſt 1735.

PREMIERE E'DITION.

A AMSTERDAM.

M. DCC. XXXV.

ACTEURS.

JULE-CESAR, Dictateur.

MARC-ANTOINE, Consul.

JUNIUS-BRUTUS.

CASSIUS.

CIMBER.

DOLABELLA.

LES ROMAINS.

LICTEURS.

La Scene est à Rome au Capitole.

LA MORT DE CESAR,
TRAGÉDIE.

ACTE I.

SCENE PREMIERE.

CESAR. ANTOINE.

ANTOINE.

CESAR, tu vas régner, voici le jour auguste,
Où le Peuple Romain, pour toi toûjours injuste,
Changé par tes vertus, va reconnoître en toi,
Son vainqueur, son apui, son vengeur, & son Roi.

Antoine, tu le fçais, ne connoît point l'envie.
J'ai chéri plus que toi, la gloire de ta vie ;
J'ai préparé la chaîne où tu mets les Romains,
Content d'être fous toi le fecond des Humains,
Plus fier de t'attacher ce nouveau Diadéme,
Plus grand de te fervir, que de regner moi même.
Quoi ! tu ne me réponds que par de longs foûpirs !
Ta grandeur fait ma joye, & fait tes déplaifirs.
Roi de Rome & du monde, eſt-ce à toi de te plaindre ?
Cefar peut-il gémir, ou Cefar peut-il craindre ?
Qui peut à ta grande ame infpirer la terreur ?

C E S A R.

L'amitié, cher Antoine. Il faut t'ouvrir mon cœur.
Tu fçais que je te quitte, & le deſtin m'ordonne
De porter nos Drapeaux aux Champs de Babylone.
Je pars, & vais venger fur le Parthe inhumain
La honte de Craffus, & le Peuple Romain.
L'Aigle des Légions que je tiens encore,
Demande à s'envoler vers les Mers du Bofphore,
Et mes braves Soldats n'attendent pour fignal,
Que de revoir mon front ceint du Bandeau Royal.
Peut-être avec raifon Cefar peut entreprendre
D'attaquer un Païs qu'à foûmis Aléxandre.
Peut-être les Gaulois, Pompée & les Romains
Valoient bien les Perfans fubjugués par fes mains.
J'ofe au moins le penfer, & ton ami fe flâte
Que le Vainqueur du Rhin, peut l'être de l'Euphrate :
Mais cet efpoir m'anime & ne m'aveugle pas,
Le fort peut fe laffer de marcher fur mes pas :
La plus haute fageffe en eſt fouvent trompée,
Il peut quitter Cefar, ayant trahi Pompée.
La valeur fait beaucoup . . . . mais dans les grands
        combats,
Du triomphe à la chûte, il n'eſt fouvent qu'un pas.
J'ai fervi, commandé, vaincu quarante années ;

Du Monde entre mes mains j'ai vû les deſtinées ;
Et j'ai toûjours connu qu'en chaque évenement
Le deſtin des Etats dépendoit d'un moment.
Quoiqu'il puiſſe arriver, mon cœur n'a rien à craindre.
Je vaincrai ſans orgueil, & mourrai ſans me plaindre :
Mais j'exige en partant de ta tendre amitié
Qu'Antoine à mes Enfans ſoit pour jamais lié :
Que Rome par mes mains défenduë & conquiſe,
Que la Terre à mes Fils, comme à toi ſoit ſoûmiſe,
Et qu'emportant d'ici le grand titre de Roi,
Mon ſang, & mon ami le prennent après moi.
Je te laiſſe aujourd'hui ma volonté derniere,
Antoine, à mes Enfans il faut ſervir de Pere.
Je ne veux pas de toi demander des ſermens,
De la foi des humains ſacrés & vains garans.
Ta promeſſe ſuffit, & je la crois plus pure
Que les Autels des Dieux entourés de parjure.

ANTOINE.

C'eſt déja pour Antoine une aſſez dure Loi,
Que tu cherches la Guerre, & le trépas ſans moi,
Et que ton interêt m'attache à l'Italie,
Quand la gloire t'apelle aux bornes de l'Aſie.
Je m'afflige encor plus de voir que ton grand cœur
Doute de ſa fortune, & préſage un malheur :
Mais je ne comprends point ta bonté qui m'outrage :
Ceſar, que me dis-tu de tes Fils, de partage ?
Tu n'as de Fils qu'Octave, & nulle adoption
N'a d'un autre Ceſar appuyé ta Maiſon.

CESAR.

Il n'eſt plus tems, ami, de cacher l'amertume,
Dont mon cœur paternel en ſecret ſe conſume.
Octave n'eſt mon ſang, qu'à la faveur des Loix :
Je l'ai nommé Ceſar, il eſt fils de mon choix.
Le Deſtin, dois-je dire, ou propice, ou ſévere
D'un véritable Fils en effet m'a fait Pere

D'un Fils que je chéris, mais qui pour mon malheur
A fucé pour fon Pere une invincible horreur.

A N T O I N E.

Et quel eft cet Enfant ? Quel ingrât ! peut-il être
Si peu digne du Sang dont les Dieux l'ont fait naître ?

C E S A R.

Ecoute : Tu connois ce malheureux Brutus,
Dont Caton cultiva les farouches vertus,
De nos antiques Loix le Défenfeur auftere,
Ce fatal Ennemi du pouvoir arbitraire,
Qui toûjours contre moi, les armes à la main,
De tous mes Ennemis a fuivi le Deftin,
Qui fut mon Prifonnier aux Champs de Theffalie,
A qui j'ai, malgré lui, deux fois fauvé la vie ;
Né, nourri loin de moi chez mes fiers Ennemis.

A N T O I N E.

Brutus ! il fe pourroit . . . . .

C E S A R.

        Ne m'en crois pas. Tiens, lis.

A N T O I N E.

Dieux ! la Sœur de Caton ! la fiere Servilie !

C E S A R.

Par un himen fecret, elle me fût unie.
Ce farouche Caton dans nos premiers débats,
La fit prefqu'à mes yeux, paffer en d'autres bras :
Mais le jour qui forma le fecond hymenée,
De fon nouvel Epoux trancha la deftinée.
Sous le nom de Brutus mon fils fut élevé.
Pour me haïr, ô Ciel ! étoit-il réfervé !
Mais lis, tu fçauras tout par cet Ecrit funefte.

A N T O I N E. *Il lit.*

,, Cefar, je vais mourir. La colere célefte
,, Va finir à la fois ma vie & mon amour.
,, Souviens-toi qu'à Brutus Cefar donna le jour.
,, Adieu. Puiffe ce Fils retrouver dans fon Pere

„L'amitié qu'en mourant te conservoit sa mere.

SERVILIE.

Dieux ! faut-il que du sort la tiranique Loi,
Cesar , te donne un Fils si peu semblable à toi !

CESAR.

Il a d'autres vertus , son superbe courage
Flâte en secret le mien, même alors qu'il l'outrage,
Il m'irrite, il me plaît. Son cœur indépendant
Sur mes sens étonnés prend un fier ascendant.
Sa fermeté m'impose , & je l'excuse même
De condamner en moi l'autorité suprême.
Soit qu'étant homme & Pere, un charme séducteur
L'excusant à mes yeux, me trompe en sa faveur :
Soit qu'étant né Romain la voix de ma Patrie,
Me parle malgré moi, contre ma Tirannie,
Et que la liberté que je viens d'opprimer,
Plus forte encor que moi me condamne à l'aimer.
Te dirai-je encor plus ? Si Brutus me doit l'Etre,
S'il est Fils de Cesar, il doit haïr un Maître.
J'ai pensé comme lui dès mes plus jeunes ans,
J'ai détesté Silla , j'ai haï les Tirans.
J'eusse été Citoyen , si l'orgueilleux Pompée
N'eût voulu m'opprimer sous sa gloire usurpée,
Et né pour commander, mais né pour les vertus,
Si je n'étois Cesar, j'aurois été Brutus.
Tout homme à son état doit plier son courage.
Brutus tiendra bien-tôt un different langage,
Quand il aura connu de quel sang il est né ;
Crois-moi, le Diadême à son front destiné
Adoucira dans lui sa rudesse importune.
Il changera de mœurs, en changeant de fortune.
La nature, le sang, mes bien-faits, tes avis,
Le devoir , l'interêt, tout me rendra mon Fils.

ANTOINE.

J'en doute. Je connois sa fermeté farouche,

La Secte dont il est n'admet rien qui la touche,
Cette Secte intraitable, & qui fait vanité
D'endurcir les Esprits contre l'humanité,
Qui dompte & foule aux pieds la nature irritée,
Parle seule à Brutus, & seule est écoutée.
Ces préjugez affreux, qu'ils appellent devoir,
Ont sur ces cœurs de bronze un absolu pouvoir.
Caton même, Caton ce malheureux Stoïque,
Ce Heros forcené, la victime d'Utique,
Qui fuyant un pardon qui l'eut humilié,
Préfere la mort même à la tendre amitié.
Caton fut moins altier, moins dur, & moins à craindre,
Que l'ingrât qu'à t'aimer ta bonté veut contraindre.

CESAR.

Cher ami, de quels coups tu viens de me frapper !
Que m'as-tu dit !

ANTOINE.

Je t'aime, & ne te puis tromper.

CESAR.

Le tems amollit tout.

ANTOINE.

Mon cœur en desespere.

CESAR.

Quoi, sa haine ! . . . .

ANTOINE.

Crois-moi.

CESAR.

N'importe, je suis Pere,
J'ai chéri, j'ai sauvé mes plus grands Ennemis.
Je veux me faire aimer de Rome & de mon Fils,
Et conquerant des cœurs vaincus par ma clémence,
Voir la Terre & Brutus adorer ma puissance.
C'est à toi de m'aider dans de si grands desseins.
Tu m'as prêté ton bras pout dompter les humains,
Dompte aujourd'hui Brutus, adoucis son courage.

Prépare

Prépare par degrés cette vertu sauvage,
Au secret important qu'il lui faut révéler,
Et dont mon cœur encore hésite à lui parler.

ANTOINE.

Je ferai tout pour toi : mais j'ai peu d'esperance.

SCENE II.

CESAR. ANTOINE.
DOLABELLA.

DOLABELLA.

Seigneur, les Sénateurs demandent audience,
Vous avés commandé qu'ils se rendent ici.

CESAR.

Ils ont tardé long-tems.... Qu'ils entrent?

ANTOINE.

Les voici.
Que je lis sur leur front de dépit & de haine !

B

✦✦✦✦✦✦✦✦✦✦✦✦✦✦✦✦✦✦✦✦✦✦✦✦✦✦✦✦✦✦✦

SCENE III.

CESAR. ANTOINE. BRUTUS. CASSIUS. CIMBER. DECIMUS. CINNA. CASCA. LICTEURS.

CESAR.

VEne's dignes foûtiens de la grandeur Romaine,
Compagnons de Cefar. Approchés Caffius,
Cimber, Cinna, Decime, & toi mon cher Brutus.
Enfin voici le tems, fi le Ciel me feconde,
Où je vais achever la conquête du Monde,
Et voir dans l'Orient le Trône de Cyrus,
Satisfaire en tombant, aux mânes de Craffus.
Il eft tems d'ajoûter par les droits de la Guerre,
Ce qui manque aux Romains des trois parts de la
    Terre.
Tout eft prêt, tout prévû pour ce vafte deffein.
L'Euphrate attend Cefar, & je pars dès demain.
Brutus & Caffius me fuivront en Afie.
Antoine retiendra la Gaule & l'Italie.
De la Mer Atlantique, & des bords du Betis,
Cimber gouvernera les Rois affujettis.
Je donne à Decimus la Grece, & la Licie,
A Marcellus le Pont, à Cafca la Syrie.
Ayant ainfi reglé le fort des Nations,
Et laiffant Rome heureufe & fans divifions,
Il ne refte au Sénat, qu'à juger fous quel titre,

De Rome & des Humains, je dois être l'arbitre.
Silla fut honoré dn nom de Dictateur,
Marius fut Conful, & Pompée Empereur.
J'ai vaincu le dernier, & c'eft affés vous dire,
Qu'il faut un nouveau nom pour un nouvel Empire,
Un nom plus grand, plus faint, moins fujet aux revers,
Trop longtems craint dans Rome, & cher à l'Univers.
Un bruit trop confirmé fe répand fur la Terre,
Qu'en vain Rome aux Perfans ofe faire la Guerre;
Qu'un Roi feul peut les vaincre, & leur donner la Loi :
Cefar va l'entreprendre, & Cefar n'eft pas Roi.
Il n'eft qu'un Citoyen fameux par fes fervices,
Qui peut du Peuple encore effuyer les caprices,
Qui.... mais vous m'entendés, vous fçavez mon
     efpoir,
Songés à mes bienfaits, fongés à mon pouvoir.

CIMBER.

Céfar, il faut parler. Ces Sceptres, ces Couronnes,
Ce fruit de nos travaux, l'Univers que tu donnes,
Seroient aux yeux du Peuple, & du Sénat jaloux,
Un outrage à l'Etat, plus qu'un bienfait pour nous.
Marius, ni Silla, ni Carbon, ni Pompée
Dans leur autorité fur le Peuple ufurpée,
N'ont jamais prétendu difpofer à leur choix
Des conquêtes de Rome, & nous parler en Rois.
Céfar nous attendions de ta clémence augufte
Un don plus précieux, une faveur plus jufte,
Au-deffus des Etats donnés par ta bonté ....

CESAR.

Qu'ofes-tu demander, Cimber ?

CIMBER.

                          La liberté.

CASSIUS.

Tu nous l'avois promife, & tu jurois toi-même
D'abolir pour jamais l'autorité fuprême;

B ij

Et je croyois toucher à ce moment heureux,
Où le Vainqueur du monde alloit combler nos
    vœux :
Fumante de son sang, captive & désolée,
Rome dans cet espoir renaissoit consolée.
Avant que d'être à toi, nous sommes ses Enfans ;
Je songe à ton pouvoir, mais songe à tes sermens.

B R U T U S.

Oüi, que César soit grand, mais que Rome soit libre.
Dieux ! Maîtresse de l'Inde, Esclave au bord du
    Tibre !
Qu'importe que son nom commande à l'Univers,
Et qu'on l'appelle Rome, alors qu'elle est aux
    fers ?
Qu'importe à ma Patrie, aux Romains que tu
    braves,
D'apprendre que César a de nouveaux Esclaves ?
Ces Persans ne sont point nos plus fiers Ennemis ;
Il en est de plus grands. Je n'ai pas d'autre avis.

C E S A R.

Et toi Brutus aussi ?

A N T O I N E *à César.*

       Tu connois leur audace :
Vois si ces cœurs ingrâts sont dignes de leur grace.

C E S A R.

Ainsi vous voulés donc par vos témérités,
Tenter ma patience, & lasser mes bontés ?
Vous qui m'appartenés par le droit de l'épée,
Rempans sous Marius, Esclaves de Pompée,
Vous qui ne respirés, qu'autant que mon courroux
Retenu trop long-tems s'arrête encor sur vous.
Républicains ingrâts, qu'enhardit ma clémence,
Vous qui devant Silla garderiés le silence,
Vous que ma bonté seule invite à m'outrager,
Sans craindre que César s'abaisse à se venger,

Qui vous donne à mes yeux une ame affés hardie,
Pour ofer me parler de Rome & de Patrie,
Pour affecter ici cette illuftre hauteur,
Et ces grands fentimens devant vôtre Vainqueur ?
Il la falloit avoir aux Plaines de Pharfale ;
La fortune entre nous devient trop inégale.
Si vous n'avés fçû vaincre, apprenés à fervir.

BRUTUS.

Céfar, aucun de nous n'apprendra qu'à mourir.
Nul ne m'en défavouë, & nul en Theffalie
N'avilit fon courage à demander la vie.
Tu nous laiffas le jour, mais pour nous affervir ;
Et nous le déteftons, s'il te faut obéir.
Céfar qu'à ta colere aucun de nous n'échape :
Commence ici par moi. Si tu veux regner, frape.

CESAR.

Demeure ... & vous fortés. Brutus m'ofe offenfer !
Mais fçais-tu de quels traits tu viens de me fraper ?
Va, Céfar eft bien loin d'en vouloir à ta vie.
Laiffe-là du Sénat l'indifcrette furie.
Demeure. C'eft toi feul qui peus me défarmer,
Demeure. C'eft toi feul que Cefar veut aimer.

BRUTUS.

Tout mon fang eft à toi, fi tu tiens ta promeffe.
Si tu n'es qu'un Tiran, j'abhorre ta tendreffe ;
Et ne peux demeurer avec Antoine & toi,
Puifqu'il n'eft pas Romain , & veut avoir un Roi.

✤✤✤✤✤✤✤✤✤✤✤✤✤ ✤✤✤✤✤✤✤✤✤✤✤✤✤

SCENE IV.

CESAR. ANTOINE.

ANTOINE.

EH bien, t'ai-je trompé? Crois-tu que la nature
Puiſſe amollir une ame, & ſi fiere, & ſi dure?
Laiſſe, laiſſe à jamais dans ſon obſcurité
Ce ſecret malheureux qui peſe à ta bonté.
Que de Rome, s'il veut, il déplore la chûte :
Mais qu'il ignore au moins quel ſang il perſécute.
Il ne mérite pas de te devoir le jour.
Ingrât à tes bontés, ingrât à ton amour ,
Renonce-le pour Fils.

CESAR.

Je ne le puis, je l'aime.

ANTOINE.

Ah ! ceſſe donc d'aimer l'orguëil du Diadême.
Deſcends donc de ce rang , où je te vois monté.
La bonté convient mal à ton autorité.
De ta Grandeur naiſſante elle détruit l'ouvrage.
Quoi, Rome eſt ſous tes Loix , & Caſſius l'outrage ?
Quoi Cimber ! Quoi Cinna ! ces obſcurs Sénateurs
Aux yeux du Roi du Monde affectent ces hauteurs !
Ils bravent ta puiſſance, & ces vaincus reſpirent !

CESAR.

Ils ſont nés mes égaux ; mes armes les vainquirent ,
Et trop au-deſſus d'eux , je leur puis pardonner
De frémir ſous le joug, que je leur veux donner.

ANTOINE.

Marius de leur fang eut été moins avare,
Silla les eût punis.

CESAR.

Silla fut un Barbare.
Il n'a fçû qu'opprimer. Le meurtre & la fureur
Faifoient fa politique, ainfi que fa grandeur.
Il a gouverné Rome au milieu des fupplices :
Il en étoit l'effroi : J'en ferai les délices.
Je fçais quel eft le Peuple, on le change en un jour :
Il prodigue aifément fa haine & fon amour.
Si ma grandeur l'aigrit, ma clémence l'attire.
Un pardon politique à qui ne peut me nuire,
Dans mes chaînes qu'il porte, un air de liberté
A ramené vers moi fa foible volonté.
Il faut couvrir de fleurs l'abîme où je l'entraîne ;
Flâter encor le Tigre, à l'inftant qu'on l'enchaîne,
Lui plaire en l'accablant, l'affervir, le charmer,
Et punir mes Rivaux en me faifant aimer.

ANTOINE.

Il faudroit être craint : c'eft ainfi que l'on regne.

CESAR.

Va, ce n'eft qu'aux combats, que je veux qu'on me
craigne.

ANTOINE.

Le Peuple abufera de ta facilité.

CESAR.

Le Peuple a jufqu'ici confacré ma bonté :
Vois le Temple que Rome éleve à ma clemence.

ANTOINE.

Crains qu'elle n'en éleve un autre à la vengeance,
Crains des cœurs ulcerés, nourris de défefpoir,
Idolâtres de Rome, & cruels par devoir.
Caffius allarmé prévoit qu'en ce jour même,
Ma main doit fur ton front mettre le Diadême.

Déja même à tes yeux on ose murmurer.
Des plus impétueux tu devrois t'assûrer.
A prévenir leurs coups, daigne au moins te con-
    traindre.

C E S A R.

Je les aurois puni, si je les pouvois craindre.
Ne me conseille point de me faire haïr.
Je sçais combattre, vaincre, & ne sçais point punir.
Allons, & n'écoutant ni soupçons, ni vengeance
Sur l'Univers soumis, régnons sans violence.

ACTE II.

ACTE II.

SCENE PREMIERE.

BRUTUS. ANTOINE. DOLABELLA.

ANTOINE.

CE superbe refus, cette animosité,
Marquent moins de vertu, que de férocité.
Les bontés de César, & sur tout sa puissance,
Méritoient plus d'égards, & plus de complaisance.
A lui parler du moins vous pourriés consentir.
Vous ne connoissés pas qui vous osés haïr,
Et vous en frémiriés, si vous pouviés aprendre...

BRUTUS.

Ah ! j'en frémis déja, & ne veux vous entendre.
Malheureux Courtisans qui vendés cet Etat
A vos Tirans ! Brutus ne parle qu'au Sénat.

C

Allés ramper fans moi, fous la main qui vous brave,
Je fçais tous vos defirs, vous brûlés d'être Efclave.
Vous voulés un Monarque, & vous êtes Romain !

ANTOINE.

Je fuis ami, Brutus, & porte un cœur humain.
Je ne recherche point une vertu plus rare :
Tu veux être un Heros, mais tu n'es qu'un Barbare ;
Et fi le grand Céfar s'en remet à ma foi ,
Il deviendra Tiran, pour fe venger de toi.

SCENE III.

BRUTUS.

QUELLE baffeffe, ô ! Ciel ! & quelle igno-
minie !
Voilà donc les foutiens de ma trifte Patrie !
Voilà vos fucceffeurs, Horace, Decius,
Et toi, vengeurs des Loix, toi mon fang, toi Brutus:
Quels reftes, juftes Dieux, de la grandeur Romaine !
Chacun baife en tremblant la main qui nous enchaîne.
Céfar nous a ravi jufques à nos vertus,
Et je cherche ici Rome , & ne la trouve plus.
Vous que j'ai vû périr, vous immortels courages,
Heros, dont en pleurant, j'aperçois les images,
Famille de Pompée, & toi divin Caton,
Toi dernier des Héros du fang de Scipion :
Vous ranimés en moi ces vives étincelles
Des vertus dont brilloient vos ames immortelles ;
Vous vivés dans Brutus, vous mettés dans mon fein ,

Tout l'honneur qu'un Tiran ravit au nom Romain.
Que vois-je, grand Pompée, au pied de ta Statue ?
Quel Billet, sous mon nom, se présente à ma vûe ?
Lisons : *Tu dors, Brutus, & Rome est dans les fers.*
Rome, mes yeux sur toi seront toujours ouverts.
Ne me reproche point des chaînes que j'abhorre.
Mais quel autre Billet à mes yeux s'offre encore ?
Non , tu n'es pas Brutus. Ah ! reproche cruel !
Cesar ! tremble Tiran : voilà ton coup mortel.
Non, tu n'es pas Brutus. Je le suis, je veux l'être.
Je périrai, Romains, ou vous serés sans Maître.
Je vois que Rome encore a des cœurs vertueux.
On demande un vengeur, on a sur moi les yeux :
On excite cette ame, & cette main trop lente :
On demande du sang .... Rome sera contente.

❖❖❖❖❖❖❖❖❖❖❖❖❖❖❖❖❖❖❖❖❖❖❖❖❖❖❖❖❖❖

SCENE· III.

BRUTUS. CASSIUS. CINNA. CASCA. DECIMUS. Suite.

CASSIUS.

JE t'embrasse, Brutus, pour la derniere fois,
Amis, il faut tomber dans la chûte des Loix.
De César désormais je n'attens plus de grace,
Il sçait mes sentimens, il connoît mon audace.
Nôtre ame incorruptible étonne ses desseins ;
Il va perdre dans nous les derniers des Romains.

C'en eſt fait, mes amis, il n'eſt plus de Patrie,
Plus d'honneur, plus de Loix, Rome eſt aneantie.
De l'Univers & d'elle, je triomphe aujourd'hui.
Nos imprudens ayeux n'ont vaincu que pour lui.
Ces dépoüilles des Rois, ce Sceptre de la Terre,
Six cens ans de vertus, de travaux & de Guerre.
Céſar joüit de tout, & dévore le fruit
Que ſix ſiecles de Gloire à peine avoient produit.
Juſtes Dieux ! ſe peut-il que Brutus ait un Maître !
La liberté n'eſt plus.

BRUTUS.

     Elle eſt prête à renaître.

CASSIUS.

Que dis-tu ? Mais quel bruit vient fraper mes eſprits !

BRUTUS.

Laiſſe-là ce vil peuple, & ſes indignes cris.

CASSIUS.

La liberté, dis-tu ?.... Mais quoi le bruit redouble.

✢✢✢✢✢✢✢✢✢✢✢✢✢✢✢✢✢✢✢✢✢✢✢✢✢✢✢✢✢

SCENE IV.

BRUTUS. CASSIUS. CIMBER. CASCA.

CASSIUS.

AH ! Cimber, eſt-ce toi, quel eſt ce nouveau
  trouble ?
  Tu parois interdit. Qu'a-t'on fait ? Qu'as-tu vû ?

CIMBER.

Le ſecret des Tirans eſt enfin reconnu.

César étoit au Temple, & cette fiere Idole
Sembloit être le Dieu qui tonne au Capitole.
C'eſt-là qu'il annonçoit ſon ſuperbe deſſein
D'aller joindre la Perſe à l'Empire Romain.
On lui donnoit les noms de Foudre de la Guerre,
De Vengeur desRomains,de Vainqueur de la Terre.
Mais parmi tant d'éclat, ſon orgueil impudent
Vouloit un autre titre, & n'étoit pas content.
Enfin parmi ces cris, & ces chants d'allegreſſe
Du Peuple qui l'entoure, Antoine ſend la preſſe :
Il entre: ô honte! ô crime indigne d'un Romain !
Il entre, la Couronne,& le Sceptre à la main.
On ſe taît : on frémit : lui, ſans que rien l'étonne,
Sur le front de Céſar attache la Couronne,
Et ſoudain devant lui ſe mettant à genoux :
Céſar régne, dit-il, ſur la Terre, & ſur nous.
Des Romains à ces mots les viſages pâliſſent,
De leurs cris douloureux les voutes retentiſſent.
J'ai vû des Citoyens s'enfuir avec horreur,
D'autres rougir de honte, & pleurer de douleur.
Céſar qui cependant liſoit ſur leurs viſages
De l'indignation l'éclatant témoignage,
Feignant des ſentimens longtems étudiés,
Jette & Sceptre & Couronne, & les foule à ſes pieds.
Alors tout ſe croit libre, alors tout eſt en proye
Au fol enyvrement d'une indiſcrette joye.
Antoine eſt allarmé : Cefar feint, & rougit,
Plus il céle ſon trouble, & plus on l'applaudit.
La modération ſert de voile à ſon crime :
Il affecte à regret un refus magnanime :
Mais malgré ſes efforts, il frémiſſoit tout bas
Qu'on applaudît en lui les vertus qu'il n'a pas.
Enfin ne pouvant plus retenir ſa colere,
Il ſort du Capitole avec un front ſévere.
Il veut que dans une heure, on s'aſſemble au Sénat.

Dans une heure, Brutus, Cefar change l'Etat.
De ce Sénat facré la moitié corrompue
Ayant acheté Rome, a Cefar l'a vendue,
Plus lâche que ce Peuple, à qui dans fon malheur
Le nom de Roi du moins fait encor quelque horreur.
César déja trop Roi, veut encor la Couronne :
Le Peuple la refufe, & le Sénat la donne,
Que faut-il faire enfin, Héros qui m'écoutés ?

CASSIUS.

Mourir, finir des jours dans l'opprobre comptés.
J'ai traîné les liens de mon indigne vie,
Tant qu'un peu d'efperance a flâté ma Patrie.
Voici fon dernier jour, & du moins Caffius
Ne doit plus refpirer, lorfque l'Etat n'eft plus.
Pleure qui voudra Rome, & lui refte fidele ;
Je ne peux la venger, mais j'expire avec elle.
Je vais où vont nos Dieux, Pompée & Scipion,
Il eft tems de vous fuivre, & d'imiter Caton.

BRUTUS.

Non, n'imitons perfonne, & fervons tous d'exemple :
C'eft nous, braves amis, que l'Univers contemple.
C'eft à nous de répondre à l'admiration
Que Rome en expirant conferve à nôtre nom.
Si Caton m'avoit crû, plus jufte en fa furie
Sur Céfar expirant il eût perdu la vie.
Mais il tourna fur lui fes innocentes mains,
Sa mort fut inutile au bonheur des humains
Faifant tout pour la gloire, il ne fit rien pour Rome,
Et c'eft la feule faute où tomba ce grand homme.

CASSIUS.

Mais Cefar dans une heure eft nommé Souverain.

BRUTUS.

Dans une heure à Cefar il faut percer le fein.

CASSIUS.

Ah ! je te reconnois à cette noble audace.

CIMBER.

Ennemi des Tirans, & digne de ta race,
Voilà les fentimens que j'avois dans mon cœur.

CASSIUS.

Tu me rends à moi-même , & je t'en dois l'honneur.
C'eft-là ce qu'attendoient ma haine & ma colere ,
De la mâle vertu qui fait ton caractere.
C'eft Rome qui t'infpire en des deffeins fi grands ;
Ton nom feul eft l'Arreft de la mort des Tirans.
Lavons, mon cher Brutus, l'opprobre de la Terre ;
Vengeons ce Capitole au défaut du Tonnerre.
Toi, Cimber, toi Cinna, vous Romains indomptés,
Avés-vous une autre ame, & d'autres volontés?

CIMBER.

Nous penfons comme toi : nous méprifons la vie :
Nous déteftons Céfar : nous aimons la Patrie :
Nous la vengerons tous : Brutus & Caffius,
De quiconque eft Romain raniment les vertus.

CASSIUS.

Jamais pour accomplir fes plus dignes ouvrages,
Le Ciel n'a raffemblé de fi fermes courages.
Dieux, pour perdre Cefar, & venger les Romains,
Vous deviés faire choix des plus grands des humains.

CIMBER.

Admettrons-nous quelqu'autre à ces honneurs fu-
    prêmes?

BRUTUS.

Pour venger la Patrie , il fuffit de nous-mêmes.
Dolabella , Lepide , Emile , Bibulus ,
Ou tremblent fous Cefar, ou bien lui font vendus.
Ciceron qui d'un Traître a puni l'infolence ,
Ne fert la liberté que par fon éloquence ;
Hardi dans le Sénat, foible dans le danger,
Fait pour haranguer Rome , & non pour la venger.
Laiffons à l'Orateur, qui charme fa Patrie,

Le foin de nous loüer, quand nous l'aurons fervie,
Non, ce n'eft qu'avec vous que je veux partager
Cet immortel honneur, & ce preffant danger.
Dans une heure au Sénat le Tiran doit fe rendre.
Là je le punirai ; là je le veux furprendre :
Là, je veux que ce fer enfoncé dans fon fein,
Venge Caton, Pompée, & le Peuple Romain.
C'eft hazarder beaucoup. Ses ardens Satellites
Par-tout du Capitole occupent les limites.
Ce Peuple mou, volage & facile à fléchir,
Ne fçait s'il doit encor l'aimer ou le haïr.
Nôtre mort, mes amis, paroît inévitable :
Mais qu'une telle mort eft noble & defirable !
Qu'il eft beau de périr dans des deffeins fi grands !
De voir couler fon fang dans le fang des Tirans !
Qu'avec plaifir alors on voit fa derniere heure !
Mourons, braves Amis, pourvû que Cefar meure,
Et que la liberté qu'oppriment fes forfaits
Renaiffe de fa cendre, & revive à jamais.

CASSIUS,

Ne balançons donc plus, courons au Capitole ;
C'eft-là qu'il nous opprime, & qu'il faut qu'on l'im-
mole.
Ne craignons rien du Peuple, il femble encor douter :
Mais fi l Idole tombe, il va la détefter.

BRUTUS.

Jurés donc avec moi, jurés fur cette épée ;
Par le fang de Caton, par celui de Pompée ;
Par les Mânes facrées de tous ces vrais Romains,
Qui dans les Champs d'Affrique ont fini leurs deftins.
Jurés par tous les Dieux, vengeurs de la Patrie,
Que Cefar fous vos coups va terminer fa vie.

CASSIUS.

Faifons plus, mes Amis, jurons d'exterminer
Quiconque ainfi que lui prétendra gouverner ;

Fuffent

Fuffent nos propres Fils , nos Freres, ou nos Peres.
S'ils font Tirans, Brutus, ils font nos Adverfaires.
Un vrai Républicain n'a pour Pere & pour Fils,
Que la vertu , les Dieux , les Loix de fon Païs.

BRUTUS.

Oüi, j'unis pour jamais mon fang avec le vôtre.
Tous dès ce moment même , adoptés l'un pour
　　l'autre,
Le falut & l'Etat nous a rendus Parens ,
Scellons nôtre union du fang de nos Tirans.

Il s'avance vers la Statue de Pompée.

Nous le jurons par vous, Heros, dont les Images,
A ce preffant devoir excitent nos courages.
Nous promettons , Pompée , à tes facrés genoux,
De faire tout pour Rome , & jamais rien pour nous ,
D'être unis pour l'Etat, qui dans nous fe raffemble,
De vivre , de combattre, & de mourir enfemble.
Allons , préparons-nous, c'eft trop nous arrêter.

✿✿✿✿✿✿✿✿✿✿✿✿✿✿✿✿✿✿✿✿✿✿✿✿✿

SCENE V.

CESAR. BRUTUS.

CESAR.

DEMEURE. C'eſt ici que tu dois m'écouter.
Où vas-tu malheureux?

BRUTUS.

     Loin de la Tirannie.

CESAR.

Lićteurs qu'on le retienne.

BRUTUS.

    Acheve, & prens ma vie.

CESAR.

Brutus, ſi ma colere en vouloit à tes jours,
Je n'aurois qu'à parler, j'aurois fini leur cours,
Tu l'as trop mérité. Ta fiere ingratitude
Se fait de m'offenſer une farouche étude.
Je te retrouve encor avec ceux des Romains
Dont j'ai plus ſoupçonné les perfides deſſeins.
Avec ceux qui tantôt ont oſé me déplaire,
Ont blâmé ma conduite, ont bravé ma colere.

BRUTUS.

Ils parloient en Romains, Ceſar, & leurs avis,

Si les Dieux t'infpiroient, feroient encor fuivis.

CESAR.

Je fouffre ton audace, & confens à t'entendre.
De mon rang avec toi, je me plais à defcendre.
Que me reproches-tu ?

BRUTUS.

Le monde ravagé :
Le fang des Nations : ton Païs faccagé :
Ton pouvoir : tes vertus qui font tes injuftices,
Qui de tes attentats font en toi les complices :
Ta funefte bonté qui fait aimer tes fers,
Et qui n'eft qu'un apas, pour tromper l'Univers.

CESAR.

Ah ! c'eft ce qu'il falloit reprocher à Pompée.
Par fa feinte vertu la tienne fut trompée.
Ce Citoyen fuperbe à Rome plus fatal,
Ne vouloit point de Maître, & Cefar pour égal.
Crois-tu, s'il m'eût vaincu, que cette ame hau-
taine,
Eût laiffé refpirer la liberté Romaine :
Ah ! fous un joug de fer il l'auroit accablé.
Qu'eût fait Brutus alors :

BRUTUS.

Brutus l'eût immolé.

CESAR.

Voilà donc ce qu'enfin ton grand cœur me deftine ?
Tu ne t'en défens point. Tu vis pour ma ruine.

BRUTUS.

Si tu le crois ainfi, préviens donc ma fureur.
Qui peut te retenir ?

CESAR. *Il lui presente la Lettre de Servilie.*

La nature, & mon cœur.

Lis, ingrat, lis, connois le sang que tu m'opposes,
Vois qui tu peux haïr, & poursuis, si tu l'oses.

BRUTUS.

Où suis-je ? Qu'ai-je lû ? Me trompés-vous mes
yeux ?

CESAR.

Eh bien, Brutus mon Fils.

BRUTUS.

Lui, mon Pere! Grands Dieux!

CESAR.

Oui, je le suis ingrât. Quel silence farouche !
Que dis-je ? Quels sanglots échapent de ta bou-
che ?
Mon Fils. . . . . Quoi, je te tiens muet entre mes
bras !
La nature t'étonne, & ne t'attendrit pas !

BRUTUS.

O sort épouventable, & qui me desespere !
O sermens! ô Patrie! ô Rome, toûjours chere!
Cesar ! . . . . Ah ! malheureux j'ai trop long-temps
vêcu !

CESAR.

Parle. Quoi d'un remord ton cœur est combattu!
Ne me déguise rien. Tu gardes le silence.
Tu crains d'être mon Fils, ce nom sacré t'offense.
Tu crains de me chérir, de partager mon rang.
C'est un malheur pour toi d'être né de mon sang.
Ah! ce Sceptre du Monde, & ce Pouvoir Suprême,
Ce Cesar que tu hais, les vouloit pour toi-même.
Je voulois partager avec Octave & toi,

Le prix de cent combats, & le titre de Roi.

BRUTUS.

Ah ! Dieux l

CESAR.

Tu veux parler , & te retiens à peine.
Ces transports font-ils donc de tendreſſe ou de
haine
Quel eſt donc le ſecret qui ſemble t'accabler ?

BRUTUS.

Ceſar . . . .

CESAR.

Eh bien , mon Fils.

BRUTUS.

Je ne puis lui parler.

CESAR.

Tu n'oſes me nommer du tendre nom de Pere.

BRUTUS.

Si tu l'es , je te fais une unique priere.

CESAR.

Parle. En te l'accordant, je croirai tout gagner.

BRUTUS.

Fai moi mourir ſur l'heure , ou ceſſe de regner.

CESAR.

Ah ! barbare Ennemi, Tigre que je careſſe,
Ah ! cœur dénaturé qu'endurcit ma tendreſſe,
Va tu n'es plus mon Fils. Va cruel Citoïen.
Mon cœur deſeſperé prend l'exemple du tien.
Ce cœur à qui tu fais cette effroyable injure,
Sçaura bien comme toi vaincre enfin la nature.
Va , Ceſar n'eſt pas fait pour te prier en vain.
J'aprendrai de Brutus à ceſſer d'être humain.
Je ne le connois plus. Libre dans ma puiſſance,
Je n'écouterai plus une injuſte clémence.
Tranquile à mes fureurs , je vais m'abandonner.
Mon cœur trop indulgent eſt las de pardonner.

D iij

J'imiterai Silla, mais dans ſes violences.
Vous tremblerez ingrâts au bruit de mes vengeances.
Va, cruel, va trouver tes indignes Amis.
Tous m'ont oſé déplaire, ils ſeront tous punis.
On ſçait ce que je puis, on verra ce que j'oſe :
Je deviendrai barbare, & toi ſeul en es cauſe.

BRUTUS.

Ah! ne le quittons point dans ſes cruels deſſeins,
Et ſauvons, s'il ſe peut, Ceſar & les Romains.

ACTE III.

SCENE PREMIERE.

CASSIUS. CIMBER.
LES CONJURE'S.

CASSIUS.

ENFIN donc l'heure approche, où Rome va
renaître.
La Maîtresse du Monde est aujourd'hui sans
Maître.
L'honneur en est à vous, Cimber, Casca, Probus,
Decime. Encore une heure, & le Tiran n'est plus.
Ce que n'ont pû Caton, & Pompée & l'Asie,
Nous seuls l'executons, nous vengeons la Patrie;
Et je veux qu'en ce jour on dise à l'Univers,
Mortels respectés Rome, elle n'est plus aux fers.

CIMBER.

Tu vois tous nos amis, ils font prêts à te fuivre,
A fraper, à mourir, à vivre, s'il faut vivre,
A fervir le Sénat dans l'un ou l'autre fort,
En donnant à Céfar, ou recevant la mort:
Mais d'où vient que Brutus ne paroît point encore,
Lui ce fier Ennemi du Tiran qu'il abhorre,
Lui qui prît nos fermens, qui nous raffembla tous,
Lui qui doit fur Cefar porter les premiers coups?
Le Gendre de Caton tarde bien à paroître.
Seroit-il arrêté? Céfar peut-il connoître?....
Mais le voici. Grands Dieux! qu'il paroît abbatu!

SCENE II.

CASSIUS. BRUTUS. CIMBER. DECIME.

CASSIUS.

Brutus, quelle infortune accable ta vertu?
Le Tiran fçait-il tout? Rome eft-elle trahie?

BRUTUS.

Non, Cefar ne fçait point qu'on va trancher fa vie.
Il fe confie à vous.

CIMBER.

Qui peut donc te troubler?

BRUTUS.

Un malheur, un fecret, qui vous fera trembler.

CASSIUS.

CASSIUS.

De nous, ou du Tiran, c'eſt la mort qui s'aprête,
Nous pouvons tous périr : mais trembler, Nous !

BRUTUS.

Arrête;
Je vais t'épouventer par ce ſecret affreux.
Je dois ſa mort à Rome, à Vous, à nos Neveux,
Au bonheur des Mortels, & j'avois choiſi l'heure;
Le lieu, le bras, l'inſtant, où Rome veut qu'il
meure,
L'honneur du premier coup à mes mains eſt remis;
Tout eſt prêt. Aprenés que Brutus eſt ſon Fils.

CIMBER.

Toi, ſon Fils !

CASSIUS.

De Ceſar !

CIMBER.

ô Rome !

BRUTUS.

Servilie
Par un himen ſecret à Ceſar fut unie,
Je ſuis de cet himen le fruit infortuné.

CIMBER.

Brutus, Fils d'un Tiran !

CASSIUS.

Non, tu n'en es pas né;
Ton cœur eſt trop Romain.

BRUTUS.

Ma honte eſt véritable,
Vous, Amis, qui voyés le Deſtin qui m'accable,
Soyés par mes ſermens les Maîtres de mon ſort.
Eſt-il quelqu'un de vous d'un eſprit aſſés fort,
Aſſés Stoïque, aſſés au-deſſus du Vulgaire,
Pour oſer décider ce que Brutus doit faire ?
Je m'en remets à vous. Quoi ! vous baiſſés les yeux !

E

Toi, Cassius, aussi tu te tais avec eux !
Aucun ne me soutient au bord de cette abîme,
Aucun ne m'encourage, ou ne m'arrache au crime,
Tu frémis, Cassius, & prompt à t'étonner....

CASSIUS.

Je frémis du conseil que je vais te donner.

BRUTUS.

Parle.

CASSIUS.

Si tu n'étois qu'un Citoyen vulgaire,
Je te dirois : va, sers : sois Tiran sous ton Pere.
Ecrase cet Etat que tu dois soutenir :
Rome aura désormais deux Traîtres à punir :
Mais je parle à Brutus, à ce puissant génie,
A ce Heros armé contre la Tirannie,
Dont le cœur inflexible au bien déterminé,
Epura tout le sang que Cesar t'a donné.
Ecoute, tu connois avec quelle furie,
Jadis Catilina menaça sa Patrie.

BRUTUS.

Oui.

CASSIUS.

Si le même jour que sa coupable main
Devoit aneantir l'éclat du nom Romain ;
Si lorsque le Sénat eût condamné ce Traître,
Catilina pour Fils t'eût voulu reconnoître ;
Entre ce Monstre & nous tout prêt à décider,
Parle : Qu'aurois-tu fait ?

BRUTUS.

Peux-tu le demander?
Penses-tu qu'un instant ma vertu démantie,
Eût mis dans la balance un homme & la Patrie ?

CASSIUS.

Brutus par ce seul mot ton devoir est dicté.
C'est l'Arrest du Sénat. Rome est en sûreté.

Mais, dis, fens-tu ce trouble, & ce fecret murmure
Qu'un préjugé vulgaire impute à la nature ?
Un feul mot de Céfar a-t'il éteint en toi,
L'amour de ton Païs, ton devoir, & ta foi ?
En difant ce fecret, ou faux ou véritable,
En t'avouant pour Fils, en eft-il moins coupable ?
En es tu moins Brutus ? En es-tu moins Romain ?
Nous dois-tu moins ta vie, & ton cœur, & ta main ?
Toi, fon Fils ! Rome enfin n'eft-elle plus ta Mere ?
Chacun des Conjurés n'eft-il donc plus ton Frere ?
Né dans nos murs facrés, nourri par Scipion,
Eléve de Pompée, adopté par Caton,
Ami de Caffius, que veux tu davantage ?
Ces titres font facrés, tout autre les outrage.
Qu'importe qu'un Tiran, vil efclave d'amour
Ait féduit Servilie, & t'ait donné le jour ?
Laiffe-là les erreurs, & l'himen de ta Mere,
Caton forma tes mœurs, Caton feul eft ton Pere.
Tu lui dois ta vertu. Ton ame eft toute à lui.
Brife l'indigne nœud que l'on t'offre aujourd'hui.
Qu'à nos fermens communs ta fermeté réponde.
Et tu n'as de Parens que les vengeurs du monde.
BRUTUS.
Et vous, braves Amis, parlés, qu'en penfés-vous ?
CIMBER.
Juges de nous par lui, jugés de lui par nous.
D'un autre fentiment fi nous étions capables,
Rome n'auroit point eu des Enfans plus coupables.
Mais à d'autres qu'à toi, pourquoi t'en raporter ?
C'eft ton cœur, c'eft Brutus qu'il te faut confulter.
BRUTUS.
Eh bien, à vos regards mon ame eft dévoilée,
Lifés-y les horreurs dont elle eft accablée.
Je ne vous céle rien : ce cœur s'eft ébranlé ;
De mes Stoiques yeux des larmes ont coulé.

E ij

Après l'affreux ferment que vous m'avés vû faire,
Prêt à fervir l'Etat, mais à tuer mon Pere,
Pleurant d'être fon Fils, honteux de fes bienfaits,
Admirant fes vertus, condamnant fes forfaits.
Voyant en lui mon Pere, un coupable, un grand
      Homme,
Entraîné par Cefar, & retenu par Rome,
D'horreur & de pitié mes efprits déchirés,
Ont fouhaité la mort que vous lui préparés.
Je vous dirai bien plus, fçachés que je l'eftime.
Son grand cœur me féduit au fein même du crime,
Et fi fur les Romains quelqu'un pouvoit regner,
Il eft le feul Tiran que l'on dût épargner.
Ne vous allarmés point : ce nom que je détefte,
Ce nom feul de Tiran l'emporte fur le refte.
Le Sénat, Rome, & Vous, vous avés tous ma foi.
Le bien du Monde entier me parle contre un Roi.
J'en frémis à vos yeux, mais je vous fuis fidele.
Vous n'exigerés pas que ma vertu cruelle
Des fentimens humains me puiffe dépouiller ;
Vous demandés fon fang, je ne puis m'en fouiller.
Rome qui le condamne, & pour qui je décide,
A befoin de vengeance, & non de Parricide.
Cefar me va parler . . . . en l'état où je fuis,
Tâcher de le fauver, eft tout ce que je puis.
Veuillent les juftes Dieux s'expliquans par ma bou-
      che,
Prêter à mon organe un pouvoir qui le touche ! . . .
Mais fi je n'obtiens rien, s'il mérite la mort,
Je détourne les yeux, laiffe faire le fort.
Je ne trahirai point mon Païs pour mon Pere ;
Que l'on approuve ou non ma fermeté févére,
Qu'à l'Univers furpris, cette grande action
Soit un fujet d'horreur, ou d'admiration.
Mon efprit plus jaloux de vivre en ma mémoire,

Ne confidere point le reproche, ou la gloire ;
Toujours indépendant, & toujours Citoyen,
Mon devoir me fuffit : l'Univers ne m'eft rien.
Allés ne fongés plus qu'à fortir d'efclavage.

CASSIUS.

Du falut de l'Etat ta parole eft le gage.
Nous comptons tous fur toi, comme fi dans ces
lieux
Nous entendions Caton, Rome même, & nos Dieux.

SCENE III.

BRUTUS.

VOICI donc le moment où Cefar va m'en-
tendre.
Voici ce Capitole où la mort va l'attendre.
Epargnés moi, Grands Dieux, l'horreur de le haïr.
Dieux arrêtés ces bras levés pour le punir.
Rendés, s'il fe peut, Rome à fon grand cœur plus
chère,
Et faites qu'il foit jufte, afin qu'il foit mon Pere.
Le voici. Je demeure immobile, éperdu.
O Mânes de Caton, foûtenés ma vertu.

❖❖❖❖❖❖❖❖❖❖❖❖❖❖❖❖❖❖❖❖❖❖❖❖❖❖❖❖❖

SCENE IV.

CESAR. BRUTUS.

CESAR.

EH bien, que veux-tu? Parle. As-tu le cœur d'un
    homme?
Es-tu Fils de Cefar?

BRUTUS.

      Oüi, fi tu l'es de Rome.

CESAR.

Républicain farouche, où vas-tu t'emporter?
N'as tu voulu me voir, que pour mieux m'infulter?
Quoi! tandis que fur toi mes faveurs fe répandent,
Que du Monde foûmis les hommages t'attendent,
L'Empire, mes bontés viennent fléchir ton cœur,
De quel œil vois-tu donc le Sceptre?

BRUTUS.

              Avec horreur.

CESAR.

Je plains tes préjugés, je les excufe même.
Mais peux-tu me haïr?

BRUTUS.

    Non, non, Cefar, je t'aime.
Mon cœur par tes Exploits fut pour toi prévenu,
Avant que pour ton fang tu m'euffes reconnu.
Je me fuis plaint aux Dieux de voir qu'un fi grand
    Homme,

Fût à la fois la Gloire, & le Fleau de Rome.
Je détefte Cefar avec le nom de Roi ;
Mais Cefar Citoyen feroit un Dieu pour moi :
Je lui facrifierois ma fortune & ma vie.

CESAR.

Que peux-tu donc haïr en moi ?

BRUTUS.

La Tirannie.

Daigne écouter les vœux, les larmes, les avis
De tous les vrais Romains, du Sénat, de ton Fils.
Veux-tu vivre en effet le Premier de la Terre,
Jouir d'un droit plus faint, que celui de la Guerre,
Etre encor plus que Roi, plus même que Cefar ?

CESAR.

Eh bien ?

BRUTUS.

Tu vois la Terre enchaînée à ton char.
Romps nos fers, fois Romain, renonce au Diadême.

CESAR.

Ah ! que propofes-tu ?

BRUTUS.

Ce qu'a fait Silla même.

Longtems dans nôtre fang Silla s'étoit noyé,
Il rendit Rome libre, & tout fut oublié.
Cet Affaffin illuftre entouré de Victimes,
En defcendant du Trône effaça tous fes crimes.
Tu n'eus point fes fureurs, ofe avoir fes vertus.
Ton cœur fçut pardonner. Cefar, fais encor plus.
Que fervent déformais les graces que tu donnes,
C'eft à Rome, à l'Etat qu'il faut que tu pardonnes.
Alors plus qu'à ton rang nos cœurs te font foûmis.
Alors tu fçais regner, alors je fuis ton Fils.
Quoi ! je te parle en vain !

CESAR.

Rome a befoin d'un Maître.

Un jour à tes dépens tu l'apprendras peut-être.
Tu verras qu'un Etat Maître de tant de Rois
Se nuit par sa Grandeur, & tombe par son poids.
Dans nos tems corrompus pleins de Guerres civiles,
Tu parles comme au tems des Déces, des Emiles,
Caton t'a trop séduit, mon cher Fils, je prévois
Que ta triste vertu perdra l'Etat & toi.
Fais ceder, si tu peux, ta raison détrompée
Au Vainqueur de Caton, au Vainqueur de Pompée,
A ton Pere qui t'aime, & qui plaint ton erreur.
Sois mon Fils en effet, Brutus, rends-moi ton cœur,
Prends d'autres sentimens, ma bonté t'en conjure.
Ne force point ton ame à vaincre la nature.
Tu ne me réponds rien : tu détournes les yeux.

BRUTUS.

Je ne me connois plus. Tonnés sur moi, grands
    Dieux !
Cesar . . . .

CESAR.

    Quoi ! tu t'émeus ! ton ame est amolie,
Ah ! mon Fils . . . .

BRUTUS.

    Sçais-tu qu'il y va de ta vie ?
Sçais-tu que le Sénat n'a point de vrai Romain,
Qui n'aspire en secret à te percer le sein ?

Il se jette à ses genoux.

Que le salut de Rome, & que le tien te touche,
Ton Génie allarmé te parle par ma bouche,
Il me pousse, il me presse, il me jette à tes pieds.
Cesar, au nom des Dieux dans ton cœur oubliés,
Au nom de tes vertus, de Rome, & de toi-même,
Dirai-je, au nom d'un Fils, qui frémit, & qui
    t'aime,
Qui te préfére au Monde, & Rome seule à toi,
Ne me rebutes pas.

CESAR.

CESAR.

Malheureux, laisse-moi.

Que me veux-tu?

BRUTUS.

Croi-moi, ne sois point insensible.

CESAR.

César est indulgent, mais il est inflexible.

BRUTUS.

Voilà donc ta réponse?

CESAR.

Oui. Cesar doit regner,
Tout le Sénat m'attend, & va me couronner.

BRUTUS *d'un air consterné.*

Adieu, Cesar.

CESAR.

Eh, quoi! D'où viennent tes allarmes?
Demeure encor mon Fils. Quoi, tu verses des larmes!
Quoi, Brutus peut pleurer! Est-ce d'avoir un Roi?
Pleures-tu les Romains?

BRUTUS.

Je ne pleure que toi,
Adieu, te dis-je.

CESAR.

ô Rome! ô rigueur héroïque!
Que ne puis-je à ce point aimer ma République!

F

✿✿✿✿✿✿✿✿✿✿✿✿✿✿✿✿✿✿✿✿✿✿✿✿✿✿✿

SCENE V.

CESAR. DOLABELLA. ROMAINS.

DOLABELLA.

LE Sénat par ton Ordre au Temple eſt arrivé :
On n'attend plus que toi : le Trône eſt élevé.
Tous ceux qui t'ont vendu leur vie,& leurs ſuffrages,
Vont l'Encens à la main,adorer tes Images.
J'amene devant toi la foule des Romains ;
Le Sénat va fixer leurs Eſprits incertains.
Mais ſi Céſar croyoit un vieux Soldat qui t'aime,
Ces préſages affreux, nos Devins, nos Dieux même,
Céſar differeroit ce grand évenement.

CESAR.

Quoi ! lorſqu'il faut regner, differer d'un moment !
Qui pourroit m'arrêter, moi ?

DOLABELLA.

                    Toute la nâture
Conſpire à t'avertir par un ſiniſtre augure.
Le Ciel qui fait les Rois, redoute ton trépas.

CESAR.

Va : Céſar n'eſt qu'un homme , & je ne penſe pas
Que le Ciel de mon ſort à ce point s'inquiette :
Qu'il anime pour moi la Nature muette ,
Et que les Elémens paroiſſent confondus,

Pour qu'un mortel ici respire un jour de plus.
Les Dieux du haut du Ciel ont compté nos années,
Suivons sans reculer nos hautes destinées.
César n'a rien à craindre.

DOLABELLA.

Il a des Ennemis,
Qui sous un jour nouveau font à peine asservis.
Qui sçait s'ils n'auroient point conspiré leur ven-
geance ?

CESAR.

Ils n'oseroient.

DOLABELLA.

Ton cœur a trop de confiance.

CESAR.

Tant de précautions contre mon jour fatal
Me rendroient méprisable, & me défendroient mal.

DOLABELLA.

Pour le salut de Rome, il faut que César vive,
Dans le Sénat au moins, permets que je te suive.

CESAR.

Non. Pourquoi changer l'ordre entre nous concerté?
N'avançons point, Ami, le moment arrêté,
Qui change ses desseins découvre sa foiblesse.

DOLABELLA.

Je te quitte à regret. Je crains, je le confesse.
Ce nouveau mouvement dans mon cœur est trop fort.

CESAR.

J'aime mieux mourir, que de craindre la mort.
Allons.

SCENE VI.

DOLABELLA. ROMAINS.

DOLABELLA.

CHERS Citoyens , quel Heros ! quel courage
De la Terre & de Vous méritoit mieux l'hommage ?
Joignés vos vœux aux miens, Peuples qui l'admirés ,
Confirmés les honneurs qui lui font préparés.
Vivés pour le fervir, mourés pour le défendre .. :..
Quelles clameurslô Ciel ! quels cris fe font entendrel
  LES CONJURE'S *derriere le Theâtre.*
Meurs, expire, Tiran. Courage, Caffius.
DOLABELLA.
Ah! courons le fauver.

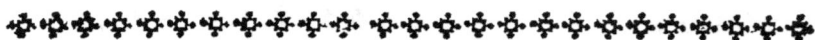

❀❀❀❀❀❀❀❀❀❀❀❀❀ ❀❀❀❀❀❀❀❀❀❀❀❀❀

SCENE VIII.

CASSIUS, un Poignard à la main.
DOLABELLA. ROMAINS.

CASSIUS.

C'En eſt fait, il n'eſt plus.
DOLABELLA.
Peuples, ſecondés-moi, frapons, perçons ce Traître,
CASSIUS.
Peuples, imités-moi ; vous n'avés plus de Maître.
Nations de Heros, Vainqueurs de l'Univers,
Vive la liberté, ma main briſe vos fers.
DOLABELLA.
Vous oubliés, Romains, le ſang de ce grand Homme !
CASSIUS.
J'ai tué mon ami pour le ſalut de Rome.
Il vous aſſervit tous, ſon ſang eſt répandu.
Eſt-il quelqu'un de vous de ſi peu de vertu,
D'un eſprit ſi rempant, d'un ſi foible courage,
Qu'il puiſſe regretter Céſar & l'eſclavage?
Quel eſt ce vil Romain qui veut avoir un Roi?
S'il en eſt un, qu'il parle, & qu'il ſe plaigne à moi.
Mais vous m'applaudiſſez, vous aimez tous la gloire.
ROMAIN.
Nous avons en horreur Céſar & ſa mémoire.

F iij

CASSIUS.

Maîtres du monde entier, de Rome heureux Enfans,
Confervez à jamais ces nobles fentimens.
Je fçais que devant vous Antoine va paroître,
Amis, fouvenez-vous que Céfar fut fon maître,
Qu'il a fervi fous lui dès fes plus jeunes ans,
Dans l'Ecole du crime & dans l'art des Tirans.
Il vient juftifier fon Maître & fon Empire,
Il vous méprife affez pour penfer vous féduire.
Sans doute il peut ici faire entendre fa voix:
Telle eft la Loi de Rome, & nous cedons aux Loix.
Qu'il vous parle, il le faut, mais gardés qu'il ne loue
Ce Public ennemi que Rome defavouë.
Tandis que nous allons dans vos murs délivrés,
Renverfer d'un Tiran les Marbres adorés,
Prévenir des méchans les fureurs inteftines;
Et de la liberté réparer les ruines.
Vous Romains, feulement confentés d'être heureux
Ne vous trahiffez pas, c'eft tout ce que je veux,
Redoutez tout d'Antoine, & fur tout l'artifice.

ROMAINS.

S'il nous ofe accufer, que lui-même périffe.

CASSIUS.

Souvenez-vous, Romains, de ces fermens facrés.

ROMAIN.

O vengeur de l'Etat, nos cœurs font affûrés;
Tout prêts pour ta défenfe à recourir aux Armes:
Mais Antoine paroît.

SCENE IX.

ANTOINE. ROMAINS.

ROMAIN.
SEs yeux verſent des larmes.
AUTRE ROMAIN.
Il aimoit trop Céſar.
ANTOINE.
Oüi je l'aimois, Romains.
Oui j'aurois de mes jours prolongé ſes deſtins.
Hélas ! vous avez tous penſé comme moi-même ;
Et lorſque de ſon front ôtant le Diadême ,
Ce Héros pour vos Loix s'immoloit aujourd'hui ,
Qui de vous en effet n'eût expiré pour lui ?
Hélas ! je ne veux point célebrer ſa mémoire ,
La voix du monde entier parle aſſés de ſa gloire.
Mais de mon déſeſpoir ayés quelque pitié ,
Et pardonnés du moins des pleurs à l'amitié.
ROMAIN.
Ne viens point nous venter les vertus de ton Maître.
Céſar fut un Héros : mais Céſar fut un Traître ,
Nous avons en horreur ſes funeſtes vertus ,
Et nous approuvons tous Caſſius & Brutus.
ANTOINE.
Contre ſes Meurtriers je n'ai rien à vous dire.
C'eſt à ſervir l'Etat que leur grand cœur aſpire.
De votre Dictateur ils ont percé le flanc.
Comblés de ſes bontés , ils ſont teints de ſon ſang.
Pour ſe déterminer à ce coup déteſtable ,

Sans doute il falloit bien que César fût coupable.
Je le crois ; mais enfin César a-t'il jamais
De son pouvoir sur vous appesanti le faix ?
A t'il gardé pour lui le fruit de ses conquêtes ?
Des dépouilles du monde il couronnoit vos têtes,
Tout l'or des Nations qui tomboient sous ses coups,
Tout le prix de son sang fut prodigué pour vous.
De son Char de Triomphe il voyoit vos allarmes:
César en descendoit pour essuyer vos larmes.
Dieux ! quels amis jamais a-t'il abandonné ?
Dieux ! à quels ennemis n'a-t'il pas pardonné ?

ROMAIN.

Il est vrai que César fit aimer sa clémence.

ANTOINE.

Hélas ! si son grand cœur eût connu la vengeance,
Il vivroit, & sa vie eut rempli vos souhaits.
Sur tous ses Meurtriers il versa ses bienfaits.
Deux fois à Cassius il conserva la vie.
Brutus (ô crime horrible ! ô comble de furie !)
Brutus étoit son fils : ce monstre forcené
A versé sous vos yeux le sang dont il est né.
Hélas ! je vois frémir vos genereux courages;
Je vois déja les pleurs qui mouillent vos visages.
Oui Brutus fut son fils : mais vous qui m'écoutés,
Vous étiez ses Enfans, dans son cœur adoptés?
Sçavés-vous, Citoyens, sa volonté derniere?

ROMAIN.

Que dis-tu ? parle.

ANTOINE.

Rome est son héritiere.
Sa famille est l'Etat, ses Trésors sont à vous,
Sa vie & son trépas étoit utile à tous.
Cassius & Brutus eût-il fait davantage ?

ROMAIN.

Voilà donc des vertus le prix & le partage !

César

Céfar fut en effet le Pere du Sénat.

ANTOINE.

Votre Pere n'eſt plus. Un lâche aſſaſinat
Vient de trancher ici les jours de ce grand homme
L'honneur de la nature, & la gloire de Rome,
Romains priverez-vous des honneurs du bucher,
Ce Pere, ce Héros qui vous étoit ſi cher ?
On l'amene à vos yeux.

ROMAIN.

O ſpectacle funeſte !

ANTOINE.

Du plus grand des humains voilà ce qui vous reſte.
Voilà ce Dieu Vengeur idolâtré par vous,
Que ſes Aſſaſſins même adoroient à genoux.
Quoi ? toûjours votre appui dans la paix, dans la
    guerre,
Une heure auparavant faiſoit trembler la Terre
Qui devoit enchaîner Babilone à ſon Char,
Amis, en cet état connoiſſez-vous Céfar ?

ROMAIN.

Dieux ! ſon ſang coule encore.

ANTOINE.

Il demande vengeance.
Il l'attend de mes mains, & de votre vaillance.
Entendez-vous ſa voix ? Reveillez-vous Romains.
Marchez, ſuivez-moi tous contre ces Aſſaſins.
Ce ſont là les honneurs qu'à Céfar on doit rendre.
Des Brandons, du Bucher qui va le mettre en cen-
    dre
Embraſons les Palais de ces fiers Conjurés.
Venez, dignes amis, venés Vengeurs des crimes,
Au Dieu de la Patrie immoler ces victimes.

ROMAIN.

Puniſſons les Auteurs de cet aſſaſinat,

G

Sous les Drapeaux d'Antoine courons tous au combat.

ANTOINE à *Dolabella.*

Ami, ne laiſſons pas leur fureur inutile;
Précipitons ce Peuple inconſtant & facile.
Que la Guerre commence, & ſans rien ménager,
Succedons à Céſar, en courant le venger.

www.ingramcontent.com/pod-product-compliance
Lightning Source LLC
LaVergne TN
LVHW022206080426
835511LV00008B/1603